LA RENOMMÉE.

FASTES PARLEMENTAIRES ET LITTÉRAIRES.

Notice biographique

SUR

M. JOLLIVET,

Député de Rennes, Délégué des Colonies, etc., etc.

PARIS.

Aux Bureaux de LA RENOMMÉE,

RUE NOTRE-DAME-DES-VICTOIRES, 14,

MARS 1843.

Imp. de A.-T. BRETON, rue Montmartre, 131.

M. JOLLIVET.

M. Jollivet, né à Rennes, en avril 1799, d'une famille justement estimée, fut reçu avocat à la Cour royale de cette ville, en 1817; il fit ses débuts dans des causes politiques; et appartint pendant toute la Restauration à l'opposition libérale la plus prononcée.

Aux élections de mars 1830, il fut élu secrétaire du collége électoral, qui nomma pour son député M. Bernard de Rennes.

1843

Lors de la révolution de juillet, M. Jollivet fut membre et secrétaire de la commission municipale qui réunit un moment tous les pouvoirs, et maintint l'ordre par des mesures à la fois prudentes et énergiques.

Les électeurs de Rennes (ville) lui confièrent, le 27 octobre 1830, l'honneur de les représenter à la chambre des députés; cet honneur fut la récompense de la considération dont il jouissait comme avocat, de son dévouement désintéressé dans les procès politiques et électoraux, de son attachement aux principes de la révolution de juillet.

Nul n'a pris une part plus large et plus utile aux discussions de notre chambre élective. Il y montra, dès le principe, les talents d'un orateur et le savoir d'un économiste. M. Jollivet est aujourd'hui membre du conseil privé du roi et délégué de la Martinique, deux postes qu'il a toujours remplis avec autant d'honneur que de capacité et de zèle. On verra, du reste, par le récit qu'on va lire, si nous disons rien de ses lumières et de ses services, qui ne soit rigoureusement vrai et mérité.

M. Jollivet débuta dans la carrière législative (16 novembre 1830) par une proposition qui témoignait à la fois de son amour pour la justice et pour le bien de l'état. Il demanda que les sommes restées libres sur les 50 millions de

rentes alloués par l'art. 1er de la loi du 26 avril
1825, demeurassent la propriété du Trésor; et lorsque le gouvernement, provoqué par son initiative,
présenta un projet de loi sur le fonds commun de
l'indemnité, il l'appuya dans la séance du 9 décembre. Déjà 828 millions avaient été reçus; les
liquidations commencées étaient évaluées à 72 millions, et le fonds commun à 100. Fallait-il arrêter
la liquidation? M. Jollivet fut d'avis qu'il ne fallait
pas l'arrêter, parce que cela eût porté atteinte au
crédit public, aux droits acquis, et lésé les cession-
naires et leurs créanciers. Mais il soutint qu'on
pouvait rendre à l'état la libre disposition du fonds
commun, et que, puisqu'on le pouvait sans bles-
ser la justice, on le devait. Plusieurs députés, moins
modérés que lui, demandèrent qu'on ne se con-
tentât pas de rendre à l'état le fonds commun, mais
qu'on suspendît la liquidation commencée; la sage
opinion défendue par M. Jollivet prévalut.

Quelques jours auparavant, l'honorable député
de Rennes avait parlé avec une généreuse énergie
dans une séance (24 novembre), où M. de Lameth
combattit un amendement de M. de Salverte et un
sous-amendement de M. Dupin aîné, tendant, l'un à
la révision des pensions accordées en vertu de la
loi de 1822, et l'autre, à la suppression des
pensions des pairs ecclésiastiques. M. de La-

meth ayant dit que la chambre devait se mon-
trer circonspecte dans ses rapports avec la chambre des pairs, et craindre de lui déplaire, M. Jollivet lui répondit avec dignité, qu'on ne devait pas se préoccuper de ce que ferait la chambre
des pairs, mais faire ce qu'on devait. Que, quant
à la constitution de la pairie, la Charte permettait
de la modifier, et qu'elle serait certainement mo-
difiée conformément aux opinions et aux vœux du
pays.

Il fit preuve de connaissances financières dans la
discussion (10 décembre) du projet de loi portant
demande de crédits provisoires pour 1851, et par
lequel le gouvernement proposait un dégrèvement
de 40 millions sur l'impôt des boissons. Il s'opposa
vivement à ce dégrèvement, parce qu'il devait avoir
pour effet nécessaire de maintenir les impôts des
jeux, des loteries, du sel, contre lesquels récla-
maient impérieusement la morale et l'intérêt du pauvre. Tous les impôts d'ailleurs, ayant leurs inconvénients propres, il prouva que l'impôt sur les
boissons était celui de tous qui en avait le moins,
et cela par le tableau qu'il fit de l'assiette de cet
impôt, de son mode de perception et de ses effets.

Il soutint que le dégrèvement profiterait aux
marchands en gros, aux débitants, aux con-
sommateurs, non aux propriétaires de vigno-

bles, dont le malaise avait pour véritable cause, à ses yeux, la multiplication des vignes ; malgré ce discours si plein de bonnes raisons, le dégrèvement de 40 millions fut prononcé et devint une des principales causes de nos embarras financiers.

La part que prit M. Jollivet à la discussion du projet de loi sur la garde nationale (les 18 et 27 décembre 1850 et 5 janvier 1851), consista dans la présentation de quelques amendements; il proposa d'abord que tout citoyen fût sur sa demande inscrit sur le contrôle du service ordinaire ; proposition qui partait du désir d'honorer les masses et de les faire concourir elles-mêmes au maintien de l'ordre ; puis, qu'il fût créé un fonds destiné à l'habillement des gardes nationaux peu aisés, lequel fonds se composerait des souscriptions volontaires, des amendes et des contributions payées par les citoyens dispensés ou exemptés du service de la garde nationale. Il lui semblait, avec raison, naturel que, lorsqu'on était exempté ou dispensé de ce service, on y concourût au moins par son argent ; mais, peut-être, se laissa-t-il emporter trop loin par son civisme, lorsqu'il demanda que les citoyens assujétis au service de la garde nationale qui ne se raient pas fait inscrire sur les contrôles, fussent punis d'un emprisonnement de deux jours, et que nul d'entre eux ne pût être admis à aucun emploi public, s'il ne représentait un certificat constatant son inscription. Aussi cette proposition fut-elle re jetée.

M. Jollivet manifesta hautement sa sollicitude pour l'industrie et l'indigence (4 janvier 1851), en combattant l'ordre du jour réclamé par le rapporteur (M. Thénard), sur une pétition d'un sieur Labal-Boiras, tendant à la suppression immédiate de l'impôt sur le sel; il ne demanda pas qu'on supprimât un impôt rapportant 60 millions au Trésor, mais qu'on accordât ou promît un allégement sur cet impôt, qui pesait particulièrement sur les classes pauvres et privait l'agriculture d'un engrais précieux, notamment dans le pays qu'il représentait.

Il contribua ainsi à faire renvoyer la pétition au ministre des finances.

Nommé (18 janvier) membre de la commission chargée de l'examen du projet de loi sur la répression de la traite des noirs, il ne prit point part à la discussion de ce projet devant la chambre; si ce fut parce qu'il ne se jugea pas suffisamment éclairé sur la matière, on aurait droit de s'en étonner de la part d'un publiciste qui, plus tard, devait jeter tant de lumière sur les questions coloniales.

M. Jollivet [dut aux honorables travaux dont nous venons de rendre compte l'honneur d'être

réélu au collége de Rennes (6 juillet 1831); il si-
gnala son retour à la chambre par son vif attachement pour les droits de celle-ci; dans la discussion
orageuse qui s'éleva (16 août) à propos d'une ad-
dition au procès-verbal de la dernière séance, que
réclamait M. de Rambuteau, sur la question de
savoir si un ministre avait le droit absolu d'être
entendu toutes les fois qu'il le demandait; il fit sentir, par des raisons pleines de force et de sagesse,
le danger d'un tel droit pour la liberté des délibé-
tions. Rien de concluant comme les exemples dont
il s'appuya; il voulait, ainsi qu'une foule de ses col-
lègues, que la chambre se prononçât sur la question dans le sens restreint qu'il jugeait le plus sage,
mais elle crut devoir passer à l'ordre du jour.

Ce furent, selon nous, des discours savants et
profonds que ceux que prononça M. Jollivet dans
la discussion (6 et 13 octobre), qui eut pour
objet la reconstitution de la pairie. Il démontra qu'il n'y avait plus d'aristocratie en France,
qu'elle avait disparu avec les révolutions de 1789 et
de 1850, que l'on tenterait en vain de la ressusci-
ter, et qu'ainsi ce qu'il y avait de mieux à faire
était d'asseoir la pairie sur des bases larges, soli-
des, à l'abri de tous changements ultérieurs. Rien
n'égale la chaleur avec laquelle il appuya l'amendement de M. Mérilhou, portant que les pairs se

raient choisis sur une liste générale de candidats présentés par les électeurs qui nomment les députés; mais en vain démontra-t-il qu'un pair nommé par le ministère aurait peu d'influence ; en vain fit-il sentir le danger de la pairie ainsi instituée par l'exemple d'un ministère qui, mis en accusation, n'aurait rien à craindre d'une chambre des pairs qui serait son ouvrage ; l'amendement fut rejeté.

Sa parole fut plus heureuse dans la discussion (14 novembre) du projet de loi sur l'avancement de l'armée; il proposa une disposition additionnelle, portant que l'emploi serait distinct du grade, et que le grade ne pourrait être enlevé qu'en vertu d'un jugement. Considérant à bon droit cette disposition comme le complément nécessaire d'une loi sur l'avancement : « A quoi servirait en effet, dit-il, de régler la forme de l'avancement, si le grade n'est pas garanti par la loi à celui qui l'a obtenu?» Une proposition si sensée ne pouvait manquer de trouver de l'appui dans la chambre; la commission elle-même y adhéra d'autant plus volontiers, qu'elle avait eu la même pensée que M. Jollivet, et elle fut adoptée. L'armée lui est redevable d'une disposition qui l'a mise, autant que possible, à couvert de l'arbitraire.

L'un des traits saillants de la carrière législative

de M. Jollivet, c'est l'ardeur constante avec laquelle il a cherché à entraîner la chambre dans la voie des économies, et cela malgré les murmures et les marques d'improbation qu'excitaient souvent ses paroles. Il a surtout prouvé cette disposition si digne d'un loyal et bon député, dans la discussion du budget de 1852, pendant laquelle il parla fréquemment ; et d'abord, il demanda (26 janvier) une réduction de 22 millions sur le fonds de l'amortissement, qui s'élevait à quatre-vingt-huit à cette époque, réduction qui devait soulager la classe pauvre, assurer la tranquillité intérieure, amener la réduction de l'intérêt, et conduire à la suppression de l'impôt immoral des jeux et de l'impôt du sel.

N'ayant pas obtenu cette réduction, il appuya, mais sans succès, celle de 4,250,000 francs que proposait M. de Mosbourg.

Il défendit ensuite sans plus de succès (5 février) un sous-amendement de M. Bousquet, tendant à la révision de toutes les pensions accordées sous les règnes de Louis XVIII et de Charles X, et portant annulation spéciale des pensions accordées pour services dans les armées étrangères, de l'émigration, de la Vendée, et pour services aux Bourbons de la branche aînée.

Il fit également d'infructueux efforts (7 février et 15 mars), pour faire adopter un sous-amendement de M. Pons, sur la révision de toutes les pensions au-dessus de 500 francs accordées depuis avril 1814, et une proposition de M. Luneau de déclarer les dispositions relatives aux lois sur le cumul, applicables aux maréchaux de France, qui, par suite de fonctions civiles ou militaires, se trouveraient cumuler deux traitements sur le budget de l'état.

Cependant le budget ne fut point voté sans que son zèle pour les économies n'obtînt une victoire (10 février) ; il fit adopter une réduction de 565,000 fr. snr le chapitre des dépenses des cours royales, réduction qui portait sur les traitements des premiers présidents et des procureurs généraux.

Le rôle que joua M. Jollivet dans la discussion de l'adresse au roi (1er décembre 1852) prouva la hardiesse courageuse de son caractère comme son attachement au gouvernement de juillet. M. Joly avait demandé par un amendement que la chambre déclarât qu'elle ne pouvait rester indifférente aux poursuites dirigées contre plusieurs de ses membres. Il faisait allusion notamment à M. Garnier-Pagès et à M. Berryer. M. Jollivet repoussa énergiquement cet amendement. Il soutint que le gouvernement avait rempli son devoir en dirigeant des poursuites contre M. Berryer, en particulier, et il le prouva par la lecture de quelques pièces authentiques, qui ne permettaient aucun doute sur la participation du député de la Haute-Loire aux tentatives de guerre civile en Vendée. MM. Garnier-Pagès et Berryer se défendirent comme ils purent, et la question préalable ayant été demandée, M. Jollivet l'appuya lui-même, déclarant qu'il regrettait une discussion fâcheuse ; mais qu'en voyant attaquer le gouvernement et les magistrats pour avoir fait leur devoir, il avait cru du sien de prouver qu'ils n'avaient point failli. M. Berryer combattit la question préalable, parce qu'elle lui ôterait les moyens de répondre. Puis il demanda à M. Jollivet s'il avait été dans ses intentions de lui faire une interpellation personnelle. Alors, s'avançant au pied de la tribune, M. Jollivet somma M. Berryer, en lui montrant un papier, de lire les explications qu'il avait données sur le serment, dans son interrogatoire. Cet ardent débat, soulevé par l'imprudent amendement de M. Joly, finit par la déclaration de celui-ci de retirer sa proposition.

Partout où il s'agissait de défendre les intérêts de la morale, on était sûr de rencontrer M. Jollivet. On connaît ces opérations de bourse où le vendeur n'a pas plus l'intention de livrer des rentes que l'acheteur celle de les recevoir. M. Harlé fils, voulant obliger les vendeurs et les acquéreurs à livrer et recevoir, avait demandé qu'on établît une caisse où l'on déposerait l'argent d'une part, et de l'autre le titre ou le numéro de l'inscription. M. Jollivet défendit savamment (50 janvier 1855) cette proposition, trouvant excellents les moyens indiqués par M. Harlé pour empêcher les ventes fictives, qui sont un véritable jeu et l'un des plus fâcheux dans ses résultats. Malgré ses efforts, la proposition ne fut pas adoptée.

Rien de plus modéré et de plus digne que la conduite de M. Jollivet dans la séance (9 avril) où la chambre délibéra sur la question de savoir si elle traduirait à sa barre le gérant de *la Tribune*, accusé d'outrages envers elle et l'un de ses membres, M. Viennet, lequel avait cru devoir réclamer cette mesure. M. Jollivet, pensant que la chambre se devait à elle-même, devait à sa dignité de répondre par la modération aux attaques de ses ennemis, demanda l'ordre du jour ainsi motivé : « Considérant que les articles qui ont donné lieu « à la communication de M. Viennet ne sauraient « atteindre la chambre, que les intérêts du pays « réclament tous ses instants, la chambre passe à « l'ordre du jour. » On sait que ce fut l'avis contraire qui l'emporta.

La discussion (24 mai) d'un projet de loi concernant la distribution du fonds de l'amortissement, donna occasion à M. Jollivet de déployer sa science et sa prévision d'économiste. En 1816, l'état avait promis de faire tout au monde pour payer ses dettes, de mettre, chaque année, en réserve un excédant de 40 millions qu'il emploierait à cet effet. Or, il n'avait pu créer cet excédant ; de là cette proposition du député de Rennes : que la dotation et les rentes rachetées continuassent d'être portées au budget des dépenses ; que la loi des finances fixât, chaque année, la somme qui serait employée à amortir ; que les fonds de l'amortissement fussent, à partir du mois de juillet suivant, répartis au marc le franc proportionnellement au capital nominal de chaque espèce de dette, entre les rentes 5, 4, 4 et demi , et 5 pour cent. Ce fut en vain qu'il fit voir que si sa proposition était rejetée, ce serait avec l'emprunt qu'on amortirait, avec l'emprunt qui appauvrissait l'état, avec l'emprunt avantageux non aux créanciers, mais aux banquiers qui prêtaient à l'état.

Revenant, quelques jours après (12 juin), sur la question de l'amortissement, à l'occasion de la discussion du budget du ministère des finances, M. Jollivet demanda, mais sans succès , que les arrérages des rentes rachetées, non annulées par la loi des finances , fussent appliqués aux travaux publics.

M. Jollivet ne démentit point son caractère de modération, lorsque la chambre eut à délibérer sur la demande en autorisation, formée par le gouvernement, de poursuivre M. Cabet, accusé d'avoir attaqué la dignité royale et offensé la personne du roi, dans son journal *le Populaire*; il demanda la clôture; il lui semblait qu'il n'y avait pas de discussion possible sur la demande en autorisation dont il s'agissait, que, si l'on discutait, il faudrait qualifier le journal, les doctrines de M. Cabet, enfin l'incriminer à l'avance; qu'il était d'avis d'accorder l'autorisation demandée, mais sans discussion préalable. Ce digne langage fut entendu, et la clôture prononcée.

Réélu (24 juin 1854) au collége de Rennes *intrà muros*), M. Jollivet présenta le rapport sur les élections du collége de la Vienne, où il y avait eu un scrutin de ballottage entre MM. Drault et Martineau, établit que le bureau avait eu tort de proclamer M. Drault député, et que la chambre des députés, juge suprême en matière d'éligibilité, avait droit de proclamer M. Martineau député à la place de M. Drault.

Les conclusions de son rapport furent adoptées par la chambre malgré l'opposition de M. Odilon Barrot. Il ne reprit cette année la parole que dans la discussion de la loi sur les récoltes pendantes par racines (27 décembre) : ce fut, d'abord, pour repousser un amendement de M. Goupil-Préfelne, qui empiétait sur les attributions des commissaires-priseurs ; puis, pour appuyer un amendement de M. Mauguin, portant que les ventes publiques, soit au comptant, soit à terme, des récoltes dont il s'agit, seraient faites en concurrence et au choix des parties, par les notaires, les greffiers, les huissiers et les commissaires-priseurs ; puis enfin, pour combattre une proposition de M. Schonen, de déclarer tous ces officiers personnellement responsables, à moins de stipulation contraire, de la totalité du prix en cas de terme accordé par eux. La chambre partagea son avis dans ces trois questions ; elle le partagea encore quand il combattit (25 janvier 1835) une proposition de M. Ganneron, tendant à modifier l'art. 649 du code de commerce, relatif aux élections commerciales, que M. Ganneron voulait ôter aux préfets pour les confier aux chambres et tribunaux de commerce. Mais, lorsqu'à son tour il proposa un amendement par lequel il admettait comme électeurs les électeurs politiques commerçants, malgré la manière ingénieuse dont il le défendit, la chambre ne voulut pas l'adopter.

Lorsqu'on rapporta (7 février) ces fameuses pétitions par lesquelles des légitimistes demandaient

le suffrage universel et l'abolition du serment, elles
trouvèrent en M. Jollivet un redoutable adversaire.
Il prononça un discours énergique et brillant où,
après avoir déclaré qu'il était partisan d'une réforme électorale modérée (la deuxième liste du
juri), il démontra que c'était pour travailler cons-
ciencieusement au renversement de notre constitution de 1850, que les légitimistes demandaient
l'abolition du serment, et que c'était dans un but
anarchique qu'ils sollicitaient le suffrage universel.
La démonstration de ce dernier point résulta
clairement de la lecture d'un procès-verbal
d'une séance tenue à Rennes par l'*Association
pour la défense des droits civils et religieux*, sous la
présidence de M. le comte de Corbière, procès-
verbal où il était avoué que l'*établissement du vote
universel* ne pouvait avoir d'autre résultat que l'a-
narchie. Le discours de M. Jollivet fit une telle
impression sur la chambre que la clôture de la
discussion fut demandée et l'ordre du jour prononcé
à une immense majorité.

Quelque temps après (25 mai), l'énergique député de Rennes donna un nouvel exemple de sa
juste et profonde antipathie pour les anarchistes.
Après que la chambre eut entendu plusieurs députés se plaindre d'avoir été insultés la veille par
un attroupement prémédité, M. Jollivet, s'élançant

à la tribune donna lecture d'un article du *Réformateur,* intitulé : *Les assommeurs législatifs,* où *les
membres du centre,* et nommément M. Jaubert,
étaient odieusement présentés comme des assommeurs, et où la chambre entière était lâchement insul-
tée. En conséquence, obéissant à un trop juste senti-
ment d'indignation, il proposa que, par application
de l'art. 15 de la loi du 25 mars 1822, le gérant responsable du *Réformateur* fût traduit à la barre de la
chambre. Cette proposition fut adoptée par la
chambre, séance tenante, et sans renvoi à une commission.

M. Jollivet plaida la cause du bon sens et de la
raison dans les deux circonstances suivantes :
M. Hennequin avait demandé, lors de la discussion
(15 août) du projet sur les cours d'assises, qu'on
n'employât pas la force pour contraindre un accusé
à se présenter devant la justice, parce que c'était
une chose déplorable que la lutte entre la justice
et un citoyen ; cette proposition tomba immédia-
tement devant cette simple observation du député
de Rennes, que, si l'on ne recourait pas à la force,
l'accusé ne se présenterait jamais et que les témoins
seraient dans l'impuissance de constater son iden-
tité. Lorsque la chambre fut appelée à délibérer
(20 août) sur la rectification demandée par le
gouvernement, de quelques articles du code d'ins-

truction criminelle, des difficultés s'étant élevées sur le mode du vote des jurés, M. Jollivet proposa cet amendement préjudiciel : « Il sera statué sur le mode du vote par un réglement d'administration publique, qui sera converti en loi dans la session de 1837. » Cet amendement parut si judicieux, que M. Jollivet n'eut pas besoin de le développer pour le faire adopter.

Lors de la discussion (25 août) de la loi sur la presse , il continua de faire la guerre aux partis ennemis du gouvernement de juillet. Parlant pour la défense de l'article premier de cette loi , lequel prononçait une détention de vingt ans et une amende de 50 mille francs, qui, en cas de récidive, pouvait être portée à 200 mille, il avouait que ces peines étaient sévères, mais il sentait qu'elles devaient l'être puisqu'elles avaient pour but moins de réprimer que de supprimer la presse carliste et républicaine. Puis il fit une longue et vive peinture de l'influence que cette presse avait exercée sur les trois grandes catastrophes de juin 1832, d'avril 1834 et de juin 1835. Son éloquente harangue fut accueillie par de nombreux applaudissements. Il proposa (29 août) d'établir un cautionnement de 50 mille francs pour les journaux ou écrits périodiques publiés à Paris dans une autre langue que la langue française, qui paraissaient

plus de deux fois par semaine, soit à jour fixe, soit
par livraison et irrégulièrement ; de 25 mille francs
pour ceux de ces journaux qui paraissaient une
seule fois par semaine, et de 12,500 francs pour
les mêmes journaux qui paraissaient plus d'une
fois par mois. L'honorable député proposait, de
plus, de statuer que les gérants responsables des
journaux publiés dans une autre langue que la
nôtre pourraient n'être pas Français, mais qu'ils
devaient être majeurs et domiciliés en France. Il
est bon de remarquer ici que, si la chambre n'a-
dopta pas toujours les propositions de M. Jollivet,
c'est qu'il cédait parfois aux entraînements d'un
zèle que les années n'avaient point encore mûri et
à une vivacité toute bretonne.

On conçoit que l'ardente franchise avec laquelle
M. Jollivet combattait les ennemis du gouvernement n'avait pas dû lui faire des amis dans le jour-
nalisme. Il en fit surtout l'expérience à l'occasion
d'un ouvrage remarquable où il comparait le
système électoral établi en Angleterre, depuis l'acte
de réforme, avec le système électoral français. Le
Journal des Débats loua cet ouvrage ; le *Courrier
français* le critiqua amèrement, en assaisonnant sa
critique de personnalités injurieuses. M. Jollivet
répondit au *Courrier français*, et lui demanda l'insertion de sa réponse. Cette insertion lui fut refu-

sée. De là, plainte de sa part en vertu de l'infraction à l'art. 11 de la loi du 25 mars 1822. La cause fut plaidée le 21 janvier 1836, au tribunal de première instance de la Seine. Le substitut du procureur du roi conclut à 500 francs d'amende. En vain M. Philippe Dupin, défenseur du gérant responsable du *Courrier français* (M. de Lapelouze), allégua-t-il que la polémique avait eu lieu entre les *Débats* et le *Courrier*, et que M. Jollivet n'y était pour rien. M. de Lapelouze fut condamné à une amende de 100 francs.

Au reste, ses débats personnels ne lui firent point perdre de vue les affaires publiques, auxquelles, depuis son entrée dans la carrière législative, il concourait d'une manière si honorable et si brillante. Choisi pour organe de la commission chargée d'examiner le projet de loi sur la pêche de la morue, il déposa, le 26 avril 1836, son rapport, œuvre remarquable par le savoir et la méthode; la commission déclarait s'associer au point de vue du gouvernement et vouloir, comme lui, l'accroissement de la population maritime, dans l'intérêt de la marine militaire, et proposait de maintenir les primes qui tendaient à former le plus grand nombre de marins et à réduire celles qui n'avaient pas ce but. Le rapport assignait pour principale cause de la diminution qu'avait subie la population maritime, la perte de Saint-Domingue et de l'Ile de France. Il présentait ensuite des détails précieux sur le nombre des marins employés à la pêche de la morue, sur la législation qui régissait cette matière, sur les armements pour la côte de Terre-Neuve et celle d'Islande, sur les importations, etc. Puis, il justifiait les amendements que proposait la commission par des observations, des calculs et des faits, qui montraient qu'il possédait à fond tous les détails de marine et de commerce maritime. Il défendit (14 et 15 mai) les conclusions de la commission avec un talent qui entraîna la chambre à en adopter une partie.

Dans un autre rapport, non moins important, déposé quelques semaines après (18 mai), M. Jollivet proposa l'adoption du projet de loi qui maintenait jusqu'à la fin de la session de 1837, dans huit départements de l'Ouest, les attributions données aux sous-officiers de la gendarmerie par la loi du 25 février 1834. Après avoir expliqué ces attributions, et rassuré les esprits sur l'organisation et l'esprit de la gendarmerie, il donna, pour principal motif des conclusions de la commission, la situation particulière des huit départements, où onze cents déserteurs, cachés et nourris par les ennemis du gouvernement, commettaient toutes sortes de désordres et de crimes. Il soutint la discussion avec

autant d'esprit que de raison contre MM. Henne-
nequin et Garnier-Pagès, et contribua ainsi à faire
adopter le projet de loi à une grande majorité.

L'année suivante (27 avril 1837), il déposa un
nouveau rapport sur le projet de loi relatif à la
responsabilité des ministres. Ce projet était le troisième qui avait été présenté depuis 1855. Il avait
été discuté et voté en 1855, par la chambre des députés, puis, amendé en 1856, par la chambre des
pairs. Ces amendements portaient principalement
sur quatre articles : le 7e, relatif à la responsabilité civile ; le 19e, à l'abandon de l'accusation par
la chambre des députés jusqu'à la clôture des débats; le 51e, au mode de voter la peine; et le 41e,
à l'obligation pour les parties plaignantes de se porter parties civiles. Le rapporteur exposait avec une
grande netteté les raisons importantes qui avaient
déterminé la chambre des pairs à changer ces divers articles, et déclarait que la commission les
partageait entièrement. Au reste, il en fut de ce
troisième projet comme des deux autres, tant la
matière est délicate et difficile !

Tant de savants et utiles travaux ne firent qu'a-
jouter à la considération dont jouissait M. Jollivet.
Aussi, aux élections de cette année (novembre
1857) ses concitoyens de Rennes lui continuèrent-
ils leur mandat.

La première fois qu'il parla sur la question des sucres , — question sur laquelle il était destiné, comme on verra, à jeter tant de lumière , — ce fut (14 juin 1858) à l'occasion du projet qui prorogeait jusqu'à la fin de la session de 1859 , le délai dans lequel devaient être convertis en lois les réglements d'administration publique , relatifs à l'exécution de la loi du 18 juillet 1857 , établissant un impôt sur les sucres indigènes. Répondant à un orateur (M. Corne) qui avait prétendu que cette loi avait laissé au régime de l'ordonnance ce qui était du domaine de la loi, il fit voir qu'elle était parfaitement constitutionnelle, puisque, d'une part, la charte autorisait le gouvernement à faire des réglements pour l'exécution des lois , et que , de l'autre , les réglements dont il s'agissait devaient être convertis en lois. Il considéra , d'ailleurs, le reproche d'inconstitutionnalité qu'on faisait à la loi du 18 juillet 1856 , comme une preuve qu'on ne voulait pas de l'impôt du sucre. Des murmures d'approbation lui firent voir qu'il avait deviné juste, et l'adoption du projet fut prononcée.

Quelques jours avant la clôture de la session (16 juin), il déposa le rapport sur une proposition de MM. Muret de Bord et Lebeuf, relative aux ventes à l'encan de marchandises neuves. Il examinait d'abord la législation et la jurisprudence à l'égard de

ces ventes. Parmi les cours royales, les unes les au-
torisaient, et les autres les interdisaient. Il fallait
que cela cessât ; il fallait qu'il y eût de l'uniformité
dans la jurisprudence comme dans la législation.
Une loi devenait nécessaire ; elle était réclamée à
peu près par tout le monde. Trouvant, d'ailleurs,
que la proposition de MM. Muret de Bord et Lebeuf ne portait aucune atteinte à la liberté du commerce, le judicieux rapporteur concluait à l'adoption, avec les amendements inspirés à la commission par une sage prévoyance et le désir de préve-
nir des inconvénients. Le temps n'ayant pas permis
de discuter ce projet, il s'empressa d'en demander
la reprise au commencement de l'année suivante
(10 janvier 1859); elle fut adoptée.

Vers la fin de l'année précédente (20 décembre),
M. Jollivet avait présenté un rapport sur l'élection
de M. Limpérani, député de la Corse, qui avait été
attaquée par une protestation, où l'on avançait que
M. Limpérani avait abusé du pouvoir que lui donnait
sa position de conseiller à la cour royale, non seulement pour influencer la cour dans les procès-électo-
raux, mais encore pour faire porter sur la liste des
électeurs des citoyens qui n'auraient jamais dû y
figurer. Après avoir anéanti le premier de ces re-
proches, il traita la question de droit électoral, et
le fit avec une telle supériorité que la chambre n'hé-

sita pas à prononcer l'admission de M. Limpérani.

Il ne prit part à la discussion (18 janvier 1859) du projet d'adresse, en réponse au discours du roi, que pour proposer l'introduction dans le paragraphe où il était question du comte de Paris , de ces paroles : « Il aura pour la France le dévouement « dont votre majesté et sa famille donnent un si « noble exemple, » lesquelles furent adoptées sans discussion.

Le désir de faire mieux que ne le comportent la nature humaine et celle des choses jetait quelquefois l'honorable député de Rennes dans des idées qui pouvaient paraître excentriques. C'est ainsi que, dans la discussion de la réforme du réglement de la chambre, il essaya d'introduire dans ce réglement quelques modifications , portant — qu'on pourrait parler de sa place, — qu'il serait absolument interdit au président de discuter , — qu'on pourrait voter toujours par assis et levé, à moins que vingt membres ne demandassent le scrutin ; — qu'enfin cent cinquante députés suffiraient pour voter l'ensemble comme les articles des lois. Malgré la spirituelle élégance de ses paroles et sa séduisante argumentation sur la nécessité d'abréger le temps et de l'employer plus utilement dans le sein des commissions, il ne put faire goûter aucune de ces réformes.

Mais, quand, l'esprit libre de toute préoccupation fixe, l'honorable député n'obéissait qu'à sa raison, à sa sagesse naturelle, il y trouvait toujours, comme on l'a vu et le verra encore, de ces inspirations aussi sensées que patriotiques, qui impressionnaient et entraînaient la chambre.

C'est surtout à dater de cette époque qu'il entreprit celte énergique défense des intérêts coloniaux, qu'il a continuée jusqu'à ce jour avec tant de chaleur, de persévérance et de succès. La discussion du budget de la marine (29 janvier 1859) lui offrit l'occasion d'exprimer sa vive sympathie pour ces grands intérêts. M. Lacrosse ayant élevé des objections sur la comptabilité coloniale, il prouva que cette comptabilité était parfaitement régulière. Il repoussa la prétention élevée par la commission, dans son rapport du 16 juin 1858, de soumettre à la discussion des chambres les budgets des comptes des conseils coloniaux ; il s'éleva contre cette défiance injuste qui ôterait aux conseils coloniaux des attributions qui sont conférées par la loi du 10 mai 1858 aux conseils-généraux des départements ; démontra que le parlement métropolitain ne pouvait connaître , comme les conseils coloniaux, les intérêts et les besoins des colonies ; et rassura la chambre contre les écarts possibles de ces conseils , dont les décrets ne sont exécutoires qu'avec la sanction du gouvernement et du roi. A M. Isambert, qui objecta que le contrôle de la cour des comptes ne s'exerçait pas sur les dépenses secrètes, il répondit que le ministre de la marine avait exigé des garanties qui lui paraissaient suffisantes. Saisissant cette occasion de traiter la question spéciale, le vote de certaines allocations par les conseils coloniaux, il fit voir qu'il n'y avait rien de secret dans ces allocations. Il rappela qu'une ordonnance obligeait les délégués à en rendre compte au ministre de la marine, et qu'il n'y avait point d'autres justifications possibles pour cette nature de dépenses. Quoique sa chaleureuse improvisation eût été très ostensiblement approuvée sur plusieurs bancs, la chambre adopta une disposition portant que toutes les dépenses votées aux colonies et faites dans la métropole, seraient soumises au contrôle de la cour des comptes.

Renommé député de Rennes (collége *extra muros*), le 22 mars, ce fut avec la même persistance et la même énergie qu'il défendit les intérêts coloniaux, lorsqu'on discuta (9 mai 1840) le dernier projet de loi sur les sucres, présenté sous le ministère Thiers ; il demanda qu'on supprimât la surtaxe sur les sucres bruts blancs, surtaxe de 15 francs, qu'il considérait à bon droit comme prohibitive, contraire à la liberté, comme une mesure sauvage empêchant et punissant le progrès. Il disait avec raison que, la question n'intéressant à un haut degré ni les raffineurs, ni les ports, ni le trésor de la métropole, la chambre pouvait bien accorder quelque chose à ses colonies. Il échoua dans ses généreux efforts ; mais ils lui valurent l'estime de nos colonies et notamment de la Martinique, dont il fut nommé délégué, le 20 janvier suivant, en même temps que M. Charles Dupin, pair de France.

L'honorable député défendait encore les intérêts coloniaux, en défendant (13 et 15 février 1841), à propos de la loi des douanes, les intérêts de notre commerce maritime et de notre marine royale, dont la puissance importe si fort à la prospérité de nos colonies. Il essaya de faire introduire dans la loi une disposition prohibant l'exportation par mer des bois de construction autres que ceux de pin, sapin et orme. Cette prohibition, existante depuis 1720, avait été levée par une ordonnance du 29 juin 1835. Il en énuméra en vain les fâcheux résultats : la sortie d'une grande quantité de bois de construction, les plaintes de toutes les chambres de commerce des ports, un renchérissement de 40 à 50 pour cent, et par conséquent un véritable dommage pour la marine royale, qui manquait de bois. Combattu par le

gouvernement même , auquel la proposition semblait devoir si bien convenir , il apporta de nou-
velles et importantes raisons, qui achevèrent de ré-
véler en lui un véritable économiste, mais qui ne
purent cependant triompher.

M. Jollivet se montra le digne délégué de la Martinique ; le jour (6 mars) où M. Lacrosse, trompé
par les détails erronnés qu'il avait lus dans la *Ga-
zette des Tribunaux* sur l'affaire Douillard-Mahaudière, adressa au ministre de la marine des inter-
pellations passionnées touchant le régime disciplinaire dans les colonies. Parlant après le ministre
de la marine, il acheva d'effacer la triste impression
que M. Lacrosse avait produit par le tableau
menteur qu'il avait fait des tortures des créoles
sur leurs esclaves , en expliquant la législation
coloniale , en décrivant le régime disciplinaire
dont les gouverneurs ont reconnu la modération et l'humanité. Répondant ensuite au vœu de
M. Lacrosse, que les colons ne pussent emprison-
ner leurs esclaves sans s'adresser aux tribunaux , il
demanda ce qu'ils deviendraient au milieu de deux
ou trois cents esclaves, dans un pays où les habitations sont disséminées sur toute la surface des colonies, où les villes sont rares et souvent distantes
des tribunaux ; si on leur ôtait les moyens de se

faire craindre et obéir. Cette réponse fut aussi vive que digne.

Le député de Rennes ne se borna point à servir par des discours à la tribune la cause de nos colonies; il la servit encore par des écrits éloquents, pleins de science et de faits. Il publia en 1842 une brochure ironiquement intitulée: *De la Philanthropie anglaise*. L'auteur prouve clairement par des faits empruntés à l'histoire officielle du parlement britannique, que le gouvernement anglais n'a consenti à l'émancipation dans ses colonies d'Amérique, que parce qu'il a pensé que son exemple serait suivi dans les colonies des autres puissances, et qu'il verra la production du sucre diminuer, cesser même dans les Indes-Occidentales, où il a des rivaux, le jour où il pourra remplacer ce sucre par celui de l'Inde, que l'Angleterre possède sans partage: C'est avec raison qu'il regarde le traité du 20 décembre 1841, auquel les Anglais ont convié la Russie, l'Autriche, la Prusse et la France, comme l'effet du désir qu'ils avaient d'isoler les États-Unis, de les empêcher d'être secourus en cas de guerre par aucune des grandes puissances. Il montre l'Angleterre préludant à la guerre par des avanies répétées, et cherchant par toute sorte d'intrigues à imposer l'émancipation à la France, à l'Espagne, aux États-Unis. Rien n'est plus propre à nous désabuser sur le compte de la *philantropie anglaise*, que l'effrayant tableau qu'il trace de l'esclavage dans l'Inde anglaise; il achève de caractériser cette philantropie , en nous apprenant qu'une commission de la chambre des communes, instituée pour donner son opinion sur l'abolition de l'esclavage et de la traite dans l'Inde, a émis l'avis de défendre la traite par mer, mais *de la tolérer par terre*, quand elle se fait entre les divers états indiens soumis à la domination anglaise, *de conserver aux maîtres leur pouvoir sur leurs esclaves, les moyens de les contraindre au travail et les châtiments nécessaires pour maintenir la discipline.*

Cette grave et piquante brochure, distribuée à tous les membres de la chambre la veille du jour (28 février 1842) où M. Mauguin interpella le ministre des affaires étrangères sur le droit de visite, a sans nul doute influé sur le vote solennel qui a rendu impossible la ratification du traité du 20 décembre 1841.

Sans nul doute aussi, M. Jollivet ajouta aux impossibilités de cette ratification , par la nouvelle brochure qu'il publia depuis lors sur le *droit de visite*. Cette brochure présente d'abord un tableau historique plein d'enseignements précieux : l'Angleterre violant sans pudeur, pendant les guerres de l'indépendance américaine , de la révolution et de l'empire, la liberté des mers et le droit des neutres , consacrés par le traité d'Utrecht (art. 15) , et reconnus par toutes les puissances de l'Europe ; l'Angleterre capturant des bâtiments danois et refusant de les rendre , bravant les réclamations du Danemarck , de la Suède , de la Russie et de la Prusse , arrachant à la Russie, après l'assassinat de Paul Ier, deux traités par lesquels celle-ci renonçait au grand principe, *que le pavillon couvre la marchandise*, et reconnaissait le droit de visite , en forçant la Suède et le Danemarck d'y accéder ; la France , usant de représailles par le fameux traité de Berlin; les États-Unis, seuls , refusant de se soumettre au droit de visite , malgré l'incendie de leur capitale ; l'Angleterre s'efforçant de conserver ce droit, qui devait finir après la guerre , sous prétexte de l'émancipation ; ne pouvant l'imposer à la Restauration, mais l'imposant à l'Espagne, au Portugal et aux Pays-Bas; puis, réussissant enfin à nous l'imposer par les conventions de 1834 et 1835 , grâce aux sentiments d'amitié que la révolution de 1830 avait éveillés entre deux peuples si longtemps ennemis.

Après avoir énergiquement tracé ce tableau véridique des violences et du machiavélisme anglais , M. Jollivet, discutant les doctrines de M. Guizot en matière de droit maritime, nie la réciprocité du droit de visite et en démontre la vanité ; fait voir que les croiseurs anglais sont partout supérieurs en nombre aux croiseurs français, non seulement parce que notre marine est inférieure en nombre à celle de leur nation, mais parce qu'ils ont plus d'intérêt que nos croiseurs à l'exercice du droit de visite. Ces visites au reste lui paraissent dangereuses et humiliantes pour nos marins, nuisibles à notre commerce. Quant aux garanties des traités, il en démontre les illusions par des exemples tirés de faits qui ont retenti dans la presse et à la tribune. Enfin, après avoir affirmé que, si les traités de 1831 et 1833 étaient annullés, la traite ne pourrait recommencer, grâce à la sévérité des lois répressives, il prouve que toute la responsabilité du traité du 20 décembre 1841 appartient à M. Guizot seul ; et il conclut du célèbre amendement de M. Jacques Lefèvre, adopté l'année dernière par la chambre des députés, que le fatal traité dont il s'agit ne pourra être ratifié. Le vote unanime de la chambre s'est trouvé d'accord avec les prévisions de M. Jollivet.

Rappelé à la tribune par la discussion du budget de la marine, M. Jollivet fit voir qu'il savait défendre le caractère comme les intérêts des colons. M. Isambert ayant annoncé (séance du 28 mai) qu'un *exposé sommaire*, publié par les ministres, des visites faites en exécution de l'ordonnance du 5 janvier 1840, avait révélé des faits très fâcheux pour les colons, M. Jollivet pria la chambre, de sa place, de n'accepter les assertions du préopinant que sous bénéfice d'inventaire ; et il les mit tout de suite au néant, par la citation du discours d'ouverture de la dernière session du conseil colonial, dans lequel le gouverneur de la Martinique, le contre-amiral Duval-d'Ailly, avait déclaré que les visites faites dans les habitations avaient eu pour résultat de constater que, partout, les esclaves avaient été traités par les maîtres avec une humanité et une bonté parfaites. Il montra ensuite quelle foi on pouvait avoir dans les affirmations de M. Isambert, en apprenant à la chambre que le prêtre et le juge, son correspondant dans l'affaire Douillard-Mahaudière, qu'il avait traités, dans la séance du 6 mars 1841, l'un *d'homme évangélique,* et l'autre de magistrat *intègre et véridique,* avaient été, le premier expulsé pour tout autre cause qu'un sermon, et le second condamné à une peine disciplinaire, pour avoir publié un compte-rendu infidèle des débats d'une affaire de cour d'assises, qui avaient eu lieu sous sa présidence. Cette discussion continua dans la séance suivante (30 mai). M. Isambert ayant avancé que les conseils coloniaux avaient abusé de leur loi organique de 1855 pour opprimer les hommes de couleur, M. Jollivet fit observer que le conseil colonial de la Martinique avait dégrevé l'impôt personnel, et que c'étaient les hommes de couleur qui profiteraient de ce dégrèvement, puisque ils étaient en majorité parmi les contribuables. M. Isambert ayant représenté les conseils coloniaux comme dilapidateurs de la fortune coloniale, M. Jollivet établit qu'à l'époque de leur installation (1854), ils ne trouvèrent rien ou ne trouvèrent que des créances sans valeur dans les caisses de réserve de la Martinique et de la Guadeloupe, qui, en 1850, possédaient chacune d'assez fortes sommes. M. Isambert s'étant plaint de ce que l'instruction religieuse n'était pas assez répandue aux colonies, M. Jollivet fit voir que c'était la faute des esclaves eux-mêmes, non des maîtres, en lisant des rapports de procureurs du roi, d'où il résultait que les maîtres faisaient tout ce qu'ils pouvaient pour que leurs esclaves se rendissent à l'instruction religieuse, mais qu'ils ne se croyaient pas le droit de les y contraindre. Revenant sur les abus que, selon M. Isambert, les visites avaient fait découvrir dans les habitations, M. Jollivet cita des rapports du gouverneur et de procureurs-généraux qui prouvaient la fausseté de telles accusations : ses réfutations obtinrent l'assentiment de la chambre.

Il avait déclaré, dans cette séance du 50 mai, que M. Isambert, en sa qualité de délégué des hommes de couleur, avait reçu 50,000 fr. du président Boyer. Il prouva cette assertion, en publiant la copie d'une lettre d'un sieur Bissette, homme de couleur, à un sieur Joseph Léreiché, autre homme de couleur, son correspondant à la Martinique, dans laquelle lettre le premier disait : « Le président de la république d'Haïti vient d'adresser à M. Isambert une somme de 10,000 gourdes en piastres d'Espagne (54,000 fr.), pour soins qu'il a donnés à l'affaire Blanchet. Cette somme est à la consignation de M. Brouard, et elle est arrivée au Havre. »

La dernière fois de cette année (1842) que le député de Rennes parla à la chambre en faveur de l'intérêt colonial, ce fut à l'occasion d'un projet (16 mai) portant prorogation du délai fixé par la loi du 25 juin 1841, pour la présentation des réglements d'administration publique, assurant la perception de l'impôt sur le sucre indigène. Le ministre des finances venait de dire que le gouvernement ne se croyait point lié par les opinions de la commission contraires à l'interdiction avec indemnité du sucre indigène. M. Jollivet applaudit vivement à ces paroles ; et, rappelant que le gouvernement avait pris l'engagement de présenter un projet dès le début de la session suivante, il exprima l'espérance que celui ci tiendrait sa parole et mettrait fin pour toujours, par un projet radical, à un antagonisme fatal aux deux industries. Cette espérance s'est réalisée, comme on sait, il y a quelques semaines. M. Jollivet a contribué sans doute à cet événement par son importante brochure sur la *Question des sucres*.

Mais, avant de parler de cet ouvrage, il est de notre devoir de signaler un trait de M. Jollivet, lors de la discussion du budget des recettes pour 1842, qui prouve que les intérêts de ses concitoyens malheureux ne lui sont pas moins chers que ceux des colonies. Il s'empressa de rappeler au ministre des finances (M. Lacave-Laplagne), ce qu'il avait dit dans la séance du 21 mars 1841, lorsqu'il n'était que simple député ; que si l'on était en situation d'accorder des dégrèvements, il croyait que la taxe du sel était celle à laquelle on devait d'abord songer.

La brochure dont nous venons de parler se divise en quatre chapitres : Premièrement , M. Jollivet expose les sacrifices imposés aux colonies par l'obligation de s'approvisionner des produits de notre sol et de notre industrie ; l'engagement pris par la métropole de leur assurer, en retour de cette obligation, un *placement intégral et avantageux* sur le mar-

ché métropolitain ; la non-exécution de cet engagement reconnu par tout le monde, non-exécution qu'il
prouve par la seule comparaison du *prix de vente*
avec *le prix de revient*, présentant une différence
8 fr. 75 c. ; ce qui a occasionné des pertes énormes
aux colonies, et placé les gouverneurs de la Martinique et de la Guadeloupe dans la nécessité d'auto-
riser en 1859 la sortie du sucre par tout pavillon et
pour toute destination.—Secondement, il démontre
par des faits et des chiffres officiels que l'avilissement
des prix des sucres coloniaux a pour causes : 1º l'excédant de la production des sucres coloniaux et indigènes sur la consommation, 2º la protection accordée
au sucre indigène, 3º la réduction de la taxe sur le
sucre étranger. — Troisièmement, il établit que
toute tentative d'équilibrer les deux productions
condamnerait les tarifs à une mobilité perpétuelle
et serait cause qu'aux colonies on n'améliorerait
rien ; qu'en France les capitaux se retireraient
d'une spéculation constamment menacée ; que la
co-existence du sucre colonial et du sucre indigène
est impossible en présence de deux productions
dont les quantités réunies excèdent les besoins de
la consommation ; que l'industrie sucrière, étant
plus manufacturière qu'agricole, et concentrée
dans un petit nombre de départements, n'a pas
rendu à l'agriculture autant de services qu'elle

avait promis; qu'enfin le sucre étant pour ainsi dire la seule production des colonies, sacrifier ce sucre serait les sacrifier elles-mêmes. De tout cela il conclut à l'interdiction, mais avec indemnité, du sucre indigène.—Quatrièmement enfin, il présente cette interdiction comme le moyen le plus efficace de terminer pour toujours une rivalité funeste. A ceux qui objectent que l'émancipation fera cesser la production du sucre dans nos colonies, il répond : On ajournera l'émancipation qui , dans l'état actuel de la société coloniale, serait aussi funeste aux noirs qu'aux blancs. A ceux qui demandent de qui, en cas de guerre, nous achèterions des sucres, il répond : des neutres. Et il prouve, par l'irréfutable argument des chiffres, que l'interdiction du sucre indigène est commandée par l'intérêt des colonies, de la marine, du commerce maritime et du trésor.

Que l'on juge, d'après le rapide examen de cet ouvrage, de l'importance des vues qu'il renferme ; notre espérance est qu'après l'avoir lu il y aura peu de législateurs qui ne pensent comme l'auteur et ne soient disposés à voter avec lui la suppression du sucre indigène.

Nous avons présenté une rapide analyse des opinions, des rapports et des travaux législatifs du député de Rennes.

L'honorable M. Jollivet est à la fois homme de

tribune et de cabinet ; il écrit et improvise avec une rare facilité.

Il affectionne surtout les questions économiques, maritimes et coloniales, mais il n'a point fait défaut aux questions politiques, quand elles ont réclamé sa parole ou sa plume. Nous rappellerons son *Système électoral*, ouvrage remarquable où il nous initie à l'organisation politique de l'Angleterre ; son discours sur la constitution de la chambre des pairs, son rapport sur la responsabilité des ministres, et son traité du droit de visite.

Dans des moments difficiles, il a défendu le gouvernement avec un courage qui n'a été surpassé par personne ; mais son dévoûment est éclairé ; quoique essentiellement gouvernemental, il a souvent voté contre des propositions ministérielles, et son attachement à nos institutions ne l'empêche pas d'être ami du progrès et partisan de réformes modérées.

Paris.—Imp. d'A.-T. BRETON , rue Montmartre, 131.

BIOGRAPHIES PUBLIÉES PAR LA RENOMMÉE :

FASTES politiques ET MILITAIRES.	FASTES parlementaires ET DIPLOMATIQUES.	FASTES administratifs ET SCIENTIFIQUES.	FASTES artistiques ET LITTÉRAIRES.
Mgr. le duc d'Orléans.	MM. Marquis de Dreux-Brézé.	MM. de Rothschild.	MM. Lesueur.
MM. Guizot.	Comte Lanjuinais.	Baron Larrey.	Princesse de Salm.
Comte Duchâtel.	Duc de Serra Capriola.	Hahnemann.	Pankoucke.
Humann.	Comte de Walewski.	Leroy-d'Etiolles.	Kalkbrenner.
Comte de Montalivet.	Drouyn de Lhuys.	Baron de Gérente.	Barroilhet.
Duc de Reggio.	Calemard-Lafayette.	Conte.	Tamburini.
Comte Jacqueminot.	Raguet–Lépine.	Cordier.	Erard.
Comte de Cessac.	de Bussières.	Flourens.	Meyerbeer.
Baron Gourgaud.	Taillandier.	Possoz.	
Vicomte de Saint-Mars.	Ducos.	Locquet.	
Comte Claparède.	Fulchiron.	Meilheurat.	
Comte Thiard.	de Tocqueville.	Vatout.	
Baron Durrieu.	Mermilliod.	Eynard.	
Vicomte Bonnemain.	Vicomte Lemercier.	Fould.	
Baron Dupin.	Chégaray.	Lebeuf.	
Baron Aymar.	Gillon.	Legentil.	
Bourdeau.	Vicomte de Richemont.	Cottenet.	
Marquis de la Bour-donnaye.	Comte Vigier.	Marquis de Louvois.	
Duc de Doudeauville.	Lacordaire.	Piorry.	
Dumont-d'Urville.	A. Dubois.	Jules Guérin.	
Marquis d'Osmond.	Billault.	Baron Ladoucette.	
Maréchal Molitor.	Berryer.	L. Vitet.	
Comte Daru.		Cochin.	
		Comte A. Demidoff.	
		Decan. de Chatouville.	

Sous Presse,

POUR LE PREMIER TRIMESTRE DE 1843.

Biographies de S. M. Louis-Philippe Ier, Roi des Français; de S. A. R. Madame la Duchesse d'Orléans; de M. le Maréchal Duc de Dalmatie, Président du conseil, Ministre de la guerre; de S. M. l'Empereur de toutes les Russies; du Roi de Hollande; de S. M. la Reine d'Angleterre; de S. M. le Roi de Sardaigne; de S. M. le Roi de Prusse; de S. M. le Roi de Grèce, etc., etc.

La RENOMMÉE publie les biographies *complètes* de toutes les célébrités contemporaines. Chaque numéro contient, outre ces biographies, un *Bulletin politique*, une *Nouvelle littéraire* et une *Chronique parisienne*, revue des théâtres, de la littérature, des beaux-arts et des modes, etc.

La Renommée paraît mensuellement.

------♦------

PRIX DE L'ABONNEMENT :

Par an, pour Paris, 24 fr. ; les Départements, 28 fr.; l'Étranger, 34 fr.
Six mois, — 14 — 16 — 18
Un seul numéro de la Revue, 3
Une biographie séparée, 2 50 c.
— de plusieurs feuilles, 6 50 c.

NOTA. La collection de la Renommée forme 3 volumes du prix de 36 fr.

Tout ce qui concerne la rédaction et l'abonnement doit être adressé, franc de port, au bureau de LA Renommée, rue Notre-Dame-des-Victoires, 14, à M. le Directeur Rédacteur en chef.

Ceux de MM. les abonnés qui ne seraient pas régulièrement servis sont priés d'en donner avis à M. le Directeur Rédacteur en chef.

MM. les abonnés sont en même temps priés de se tenir en garde contre toutes lettres ou autres pièces qui leur seraient adressées au nom de LA Renommée, sans être revêtues de la signature du Directeur Rédacteur en chef ainsi que du timbre de l'Administration.